清华大学 终身学习实验室创新学习系列丛书

U0745771

数学这么妙

1+3

袭靖喻 徐迎庆 ◎ 著

清華大学出版社

北京

图书在版编目（CIP）数据

数学这么妙 / 袭靖喻，徐迎庆著 . —北京：清华大学出版社，2022.1（2022.6 重印）

（清华大学终身学习实验室创新学习系列丛书）

ISBN 978-7-302-58666-1

Ⅰ.①数…　Ⅱ.①袭…　②徐…　Ⅲ.①数学课 – 学前教育 – 教学参考资料　Ⅳ.① G613.4

中国版本图书馆 CIP 数据核字（2021）第 142438 号

责任编辑： 田在儒
封面设计： 李　萌
责任校对： 袁　芳
责任印制： 杨　艳

出版发行： 清华大学出版社
　　　　　　网　　　址：http://www.tup.com.cn, http://www.wqbook.com
　　　　　　地　　　址：北京清华大学学研大厦 A 座　　　　　　邮　　编：100084
　　　　　　社 总 机：010-83470000　　　　　　邮　　购：010-62786544
　　　　　　投稿与读者服务：010-62776969, c-service@tup.tsinghua.edu.cn
　　　　　　质量反馈：010-62772015, zhiliang@tup.tsinghua.edu.cn
印 装 者： 小森印刷（北京）有限公司
经　　销： 全国新华书店
开　　本： 285mm×210mm　　　　　　**印　张：** 9.25　　　　　　**字　数：** 170 千字
版　　次： 2022 年 1 月第 1 版　　　　　　**印　次：** 2022 年 6 月第 2 次印刷
定　　价： 79.00 元

产品编号：076079-01

目　　录

第一章

分　类

　　分类是人类最重要的认知能力之一。这种人类认识世界的基本能力可以帮助我们整理纷繁复杂的外部信息，形成类别，从而更高效地学习。在分类能力的基础上，我们可以使用类比等方法探索知识的结构，理解事物之间的关系。通过学习"相关""因果"等复杂的逻辑关系，小朋友可以逐步具备对更复杂概念的理解能力，这一过程是人类学习新知识、认识世界的一个重要环节。可以说，如果没有分类能力，人类可能很难学习更加复杂抽象的知识进而演化出高级文明。所以在小朋友学习更加抽象的数学概念前，引导他们在不同规则下进行灵活的分类游戏，可以为之后的抽象知识学习奠定稳固的基础。

　　研究显示，人类的分类能力在婴儿阶段就开始展现。十几个月的婴儿即可以在语言提示的帮助下形成类别的概念。在幼儿时期，小朋友进行分类的两种重要规则是"物体相似性分类"与"关系性分类"。"物体相似性分类"是指根据物体特征相似程度进行分类；"关系性分类"则是指根据物体之间的关系进行分类。例如，小朋友看到有四条腿并且会汪汪叫的动物时，常常会把有这些相似特征的动物分类为"狗"（尽管狗的特征不仅限于此），这就是"物体相似性分类"规则；另外，小朋友同时也会把长得虽然不相似，但经常一起出现的物体或人划分为一类，如碗和勺子、爸爸和妈妈、爷爷和奶奶等，这就是"关系性分类"规则。这两种分类的规则不同，小朋友通过这些分类学习的概念也相应有一定的区别。可以说，不同的分类规则代表不同的关系，不同的关系代表不同的抽象知识。

　　在本章，我们将带领小朋友观察生活中的人和物体，通过观察与思考类小游戏，对物品进行分类并认识它们的关系，引导他们更加深入地理解"类别"这一概念。

毛毛站在窗边往外瞧，
昨天晚上下雨啦！
空气中有一股湿润泥土的气味。

阅读建议：
　　老师或家长可以在给孩子阅读的同时，与小朋友讨论不同季节所穿的衣服。让小朋友思考一下每个季节应该穿什么，以及为什么。

太阳公公出来了，
远方的山好像黄宝石一样闪闪发光。

毛毛准备穿衣服啦！

阅读建议：

引导小朋友观察这一页上的衣服，并且带领他们数出数量。数一数：有几件上衣？几条裤子？几只袜子？

有些3~4岁小朋友在这个年龄阶段可以数到很大的数字，但这并不意味着他们真正理解了大于"4"的数字所对应的实际"数量"。带领他们通过一个一个点数的方式数一数，有助于帮助他们理解"数量"实际上是"数"和"量"这两个概念的组合，从而逐步理解每个数字所对应的"数量"概念。另外，通过这些活动，我们希望小朋友理解：数数本身并不是只在同一类别内才可以数，1条裤子跟1只袜子，1辆小汽车跟1个人都可以用1、2来数。老师或家长可以灵活运用身边不同的东西，跟小朋友一起数数，这些物体（或者是人）最好多种多样，以便于小朋友更好地理解数的概念。本章虽然对分类进行练习，但老师或家长在跟小朋友做游戏时，应避免给儿童留下同样的东西才能放在一起数的印象。

看一看，毛毛的衣柜里都有什么衣服？

天气冷了，毛毛需要换件衣服。

小朋友，你能帮助毛毛挑选衣服吗？

用附赠页中的衣服图片，带领小朋友在本页上进行换衣服游戏。可以提问：哪些是裤子？哪些是衣服？哪些是袜子？

问完"哪些是袜子"后可引导小朋友发现本图中毛毛的脚上只有一只袜子。

哎呀，毛毛只穿了一只袜子！
找一找，另一只袜子在哪里？

找到啦！毛毛把另一只袜子也穿到小脚丫上了。

另一只拖鞋在哪里呢？

让小朋友在室内寻找还有哪些物品可以放在一起。

注意：有些小朋友可能会说桌子跟凳子可以放在一起，这是前面介绍的儿童的"关系性分类"认知机制。如果小朋友有这种关系性分类回应，请注意这并不是错误的答案。在小朋友的学习过程中，要多多鼓励！

"可以放在一起的东西"既可以是外形特征很相似的，如一双筷子，也可以是通过一些关系可以联系在一起的，如桌子和椅子，还可以是社会关系意义的，如爸爸和妈妈。

找到拖鞋啦！

开饭啦！毛毛洗好手，帮妈妈布置餐桌。

看一看，桌子上都有什么？

准备吃饭啦！

老师或家长可以引导小朋友通过比较大小，首先确立一种物品的所属关系，为之后按所属关系分类建立基础。这里采取的是物体大小与人物的一一对应关系，但这种关系是人为规定的，大多数情况下并没有绝对正误之分，也非一成不变。实际生活中，小朋友也可以使用大碗，大人也可以使用小碗。在阅读本书时，请老师或家长注意：切忌强调这种对应关系的绝对正误。

引导小朋友按照尺寸大小进行分类。在分类的同时，可以进行提问，例如：为什么碗和勺子放在一起？你觉得这个是谁的杯子？等等。

找一找，哪些是爸爸妈妈用的盘子和杯子？
把它们放在爸爸妈妈的面前。
找一找毛毛的盘子和杯子，把它们放在毛毛面前。

现在爸爸妈妈和毛毛都有自己的餐具啦!

老师或家长可以在书本内容的基础上提问这些餐具还能怎样进行分类,如按照颜色分类。除了书中出现的餐具,老师或家长还可以引导小朋友利用室内的物品练习基于不同规则的不同分类方式。例如:教室里的桌子和椅子、男生和女生、黑板和粉笔,等等。再次强调,分类不是一成不变的,根据不同的规则或条件可以把一些物品分成不同的类。例如:一般来说,大家都会把米饭盛在碗里,把菜盛在盘子里面。在这种情况下,餐桌上所有盛饭的碗可以归成一类;而餐桌上所有装菜的盘子则可以归成另外一类。但是,如果把分类的规则改为"能够盛饭或者菜的餐具"为一类,则碗和盘子就可以归为一类。这就是根据餐具功能的不同来制定规则进行分类,当然也可以根据餐具的形状来制定新的规则重新分类。这里主要是练习小朋友分类的灵活性。

开饭啦！

老师或家长除了主动按照一定分类规则引导小朋友进行思考之外，也需要注重鼓励小朋友通过自己建立的分类规则来对物体进行分类。小朋友主动通过观察与思考，理解并建立事物之间关系的过程是学习抽象知识的重要一环，老师或家长的角色应是学习的引导者，而不是规则的制定者。

这里有一些鞋子，老师或家长可以在小朋友认识这些鞋子的基础上让他们观察，并根据不同的规则给这些鞋子分类。

吃过早饭，
毛毛准备穿鞋出门。
好多的鞋子啊！

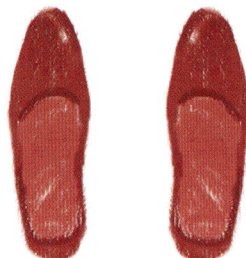

有拖鞋、凉鞋、皮鞋和靴子。

例如，按照鞋子的外形和功能分类，可分为拖鞋、凉鞋、皮鞋和靴子。老师或家长可以让小朋友注意观察鞋子的相同与不同之处，鼓励小朋友思考为什么会有这些不同，引导他们理解鞋子外形、用途或所属的联系，为进一步的分类建立基础。

老师或家长提问：这些鞋子还能怎么分类？都有什么颜色的鞋子？哪些是妈妈的鞋子？哪些是爸爸的鞋子？哪些是在家里穿的拖鞋？哪些是下雨天穿的雨鞋？等等。

物体间关系的不同，对应了不同的分类方法与规则。有些分类规则是由人类的感知形成的，比如，我们可以根据看到的颜色将物体划分为不同的类别；有些分类规则是社会性或者功能性的，比如交通工具的分类。

人类在日常生活中经常需要打破原有的分类规则，根据新的分类规则对物体进行再次分类。这是一个非常复杂的信息处理过程，为实现这个目标，需要工作记忆、注意、抑制控制、认知灵活等多种高级执行功能参与。执行功能在人类生活中非常重要，良好的执行功能会为我们的日常生活带来莫大的助力，这种能力可以帮助我们专心致志、高效集中地达成目标，排除不必要的干扰。在日常生活中，小朋友们通过学习或者玩耍，练习自己在执行功能方面的能力。强烈建议家长与小朋友互动时，尽量不要打断他们的思考。小朋友在专心数数或者思考的时候，家长不要在这个时候问小朋友一些不相关的问题，例如：你要喝水吗？你要吃水果吗？等等。

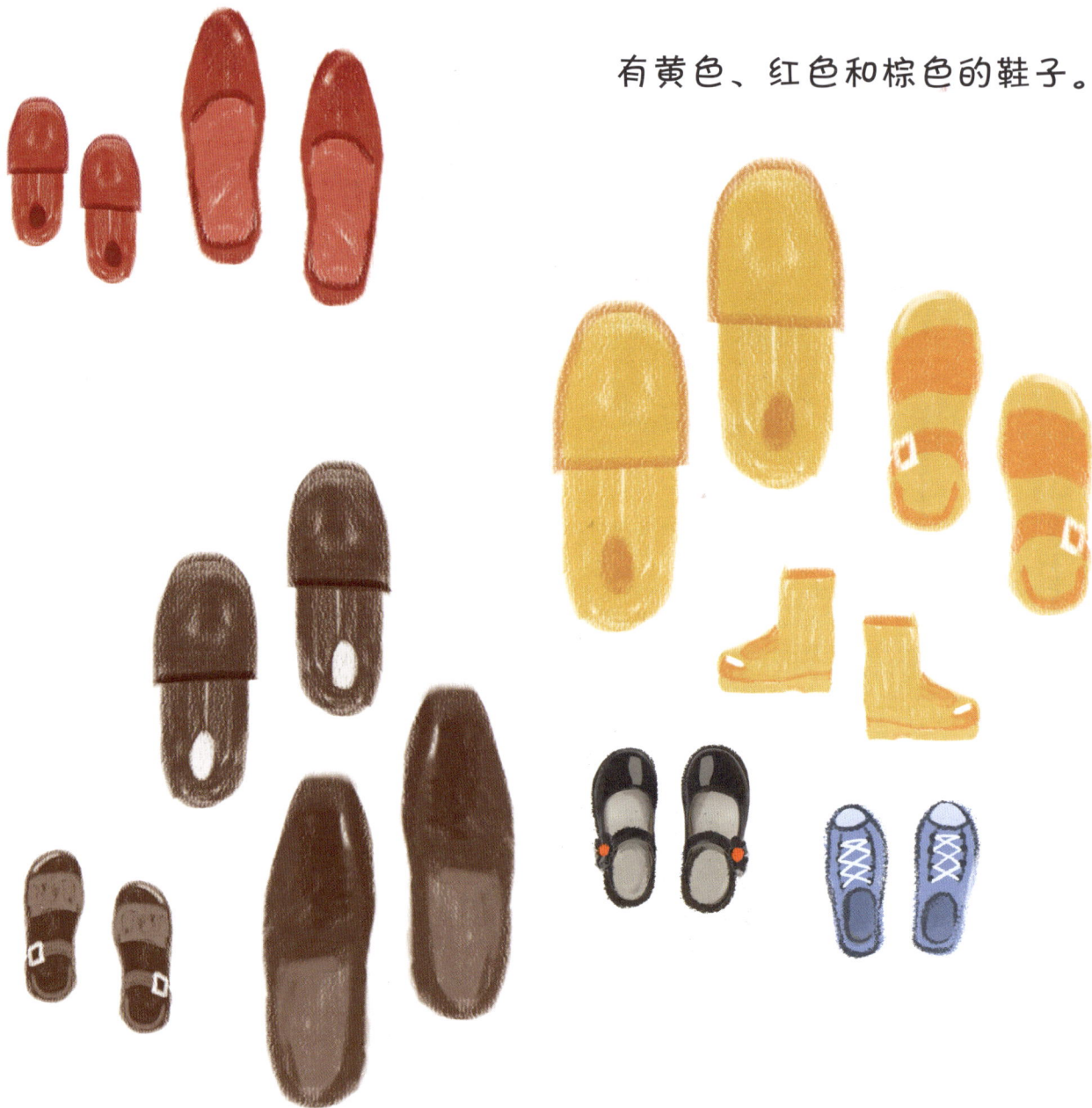

有黄色、红色和棕色的鞋子。

饺子

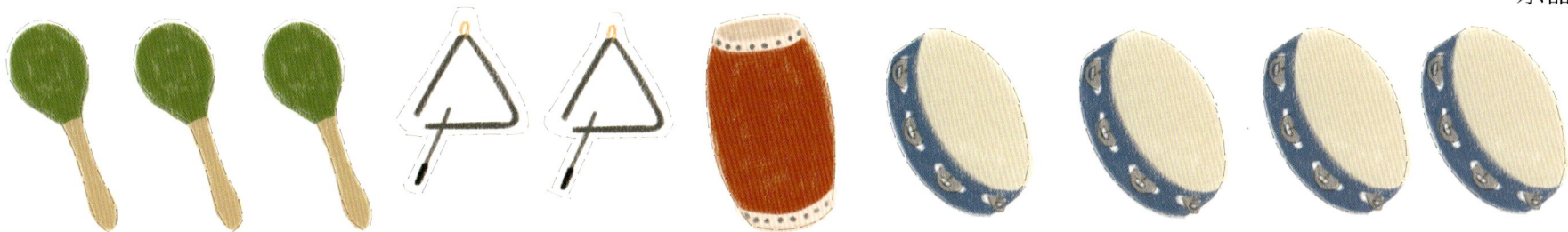

乐器

大象

房子

帆船

衣服

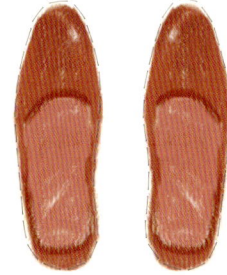

鞋子

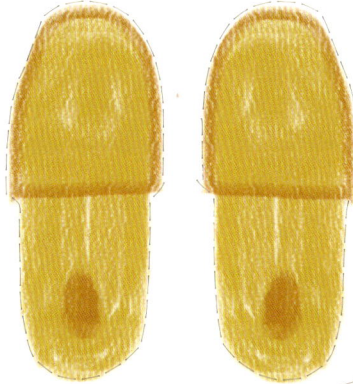
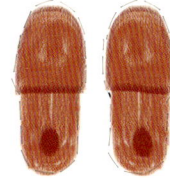
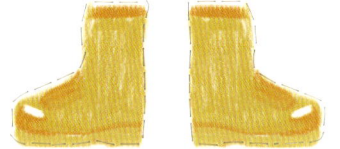

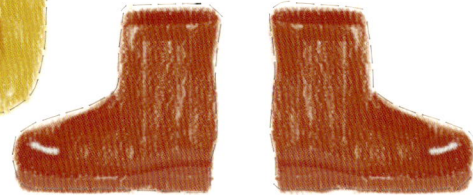

小鸡　　　　　　　图形　　　　　　　　　　　风车

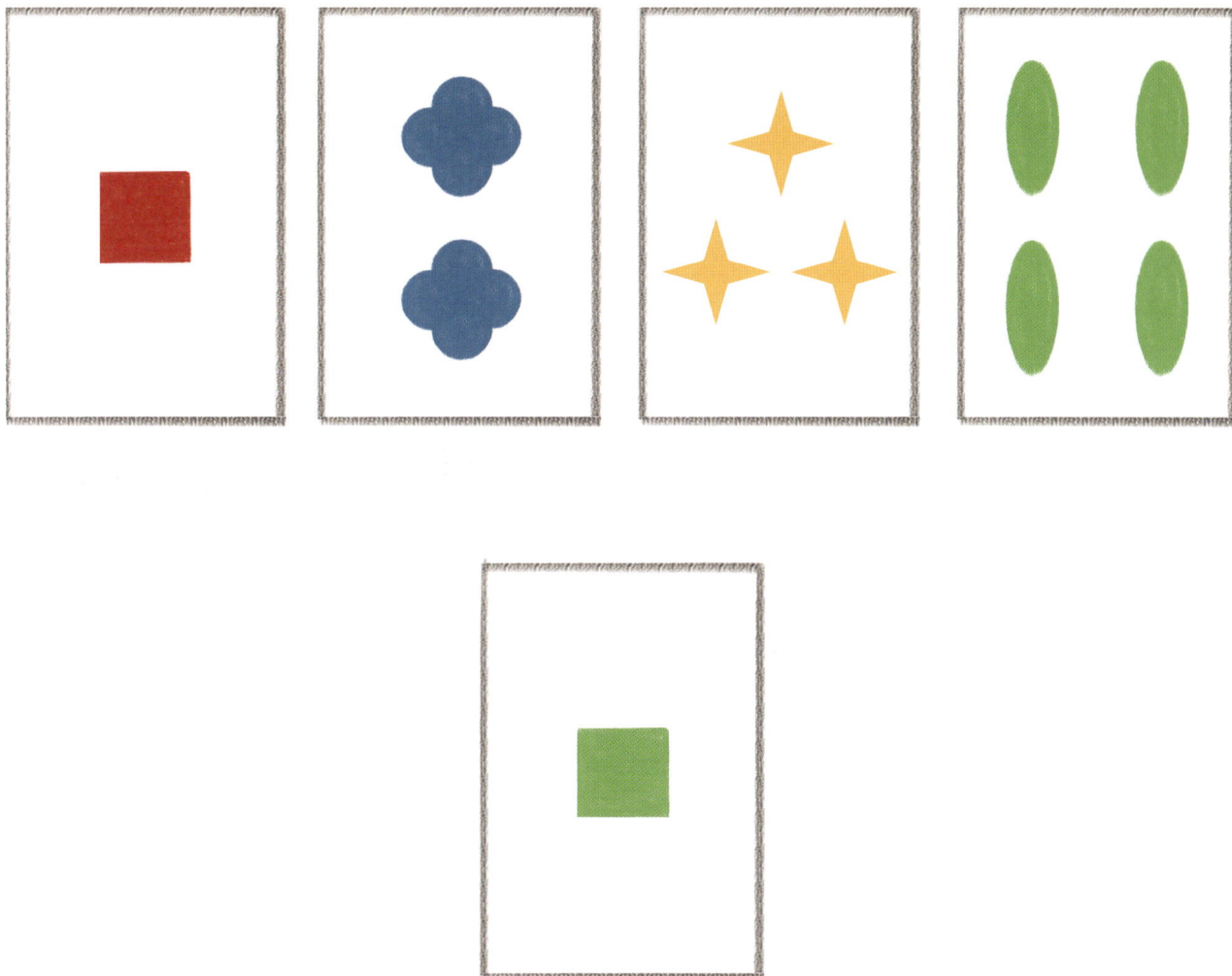

在这个任务中，参加实验者会看到上面这四张卡片和下面的一张卡片，他们需要根据规则，看看如何将下面的这张卡片与上面一组卡片中的某一张分成一类。规则不是一成不变的，有时是数量，有时是形状，有时可能是颜色。老师或家长可以带领小朋友制定三种规则来完成上述任务。

在这一章里，我们通过多种多样的小活动让小朋友理解物体之间的关系，并以此建立自己的分类规则。老师或家长可以灵活利用身边的物体，从其特点、形状、颜色、质地、功能、从属等特征或关系入手，与小朋友进行互动。例如向小朋友提问：这几个为什么在一起？那几个为什么在一起？你还想把什么放在一起？为什么把这几个放在一起？等等。

引导小朋友复习之前所见的大小及所属关系分类。一个集合的分类标准可能不是唯一的，比如大小和所属关系可能同时存在并且紧密相关。

爸爸的鞋子最大。

妈妈的鞋子比爸爸的小，比毛毛的大。

毛毛的脚丫小小的，穿最小的鞋子。

本书附赠页中有一些鞋子图片，老师或家长可根据左图提示，引导小朋友把鞋子图片放到相应的筐子里。除了以上分类外，继续鼓励小朋友找出爸爸棕色的鞋子、毛毛黄色的鞋子等不同标准的分类。通过这些游戏，让小朋友熟悉在更加复杂的分类规则下的分类方法。还可以让小朋友利用身边的其他物体进行练习。

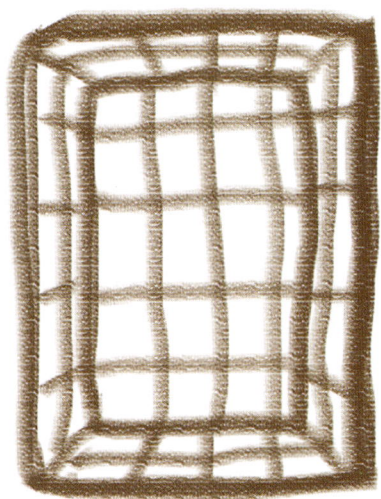

找一找，妈妈黄色的鞋子有哪些？放到这个筐子里。

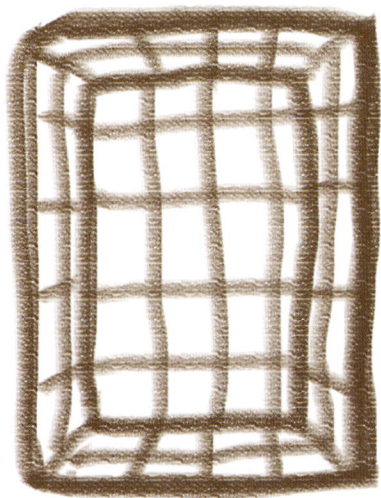

把妈妈红色的鞋子放到这个筐子里。

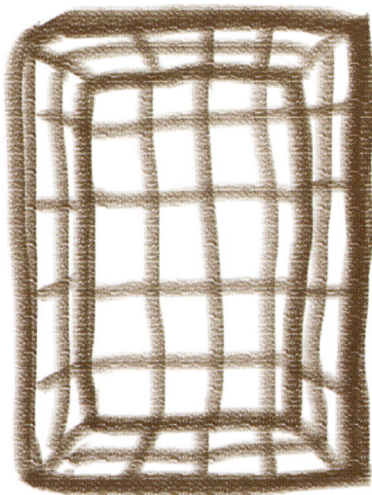

把妈妈棕色的鞋子放到这个筐子里。

毛毛穿好雨靴，快乐地出门啦！

下面让我们来看更多的例子！

外面天气有点冷，我们找一找手套吧！这里有几副手套呢？

美丽的蝴蝶是怎么飞的呢？它用一只翅膀可以飞吗？
原来它有一对翅膀。

心想事成

春到福到吉祥到

人和家和万事和

春节到啦，一起贴春联吧。
你们知道春联是什么样的吗？
春联又称"对联"，分上联、下联和横批。

你能不能将下面的铅笔分分类呢？

看一看，下面都有哪些水果？
数一数，水果有多少个？如果按照颜色分类，可以分成几类？
除了颜色，还可以按照什么分类？

看一看，下面都有哪些类型的帽子？
你能把这些帽子分个类吗？

下面的小卡片上都有些什么内容？
你能把这些小卡片分分类吗？

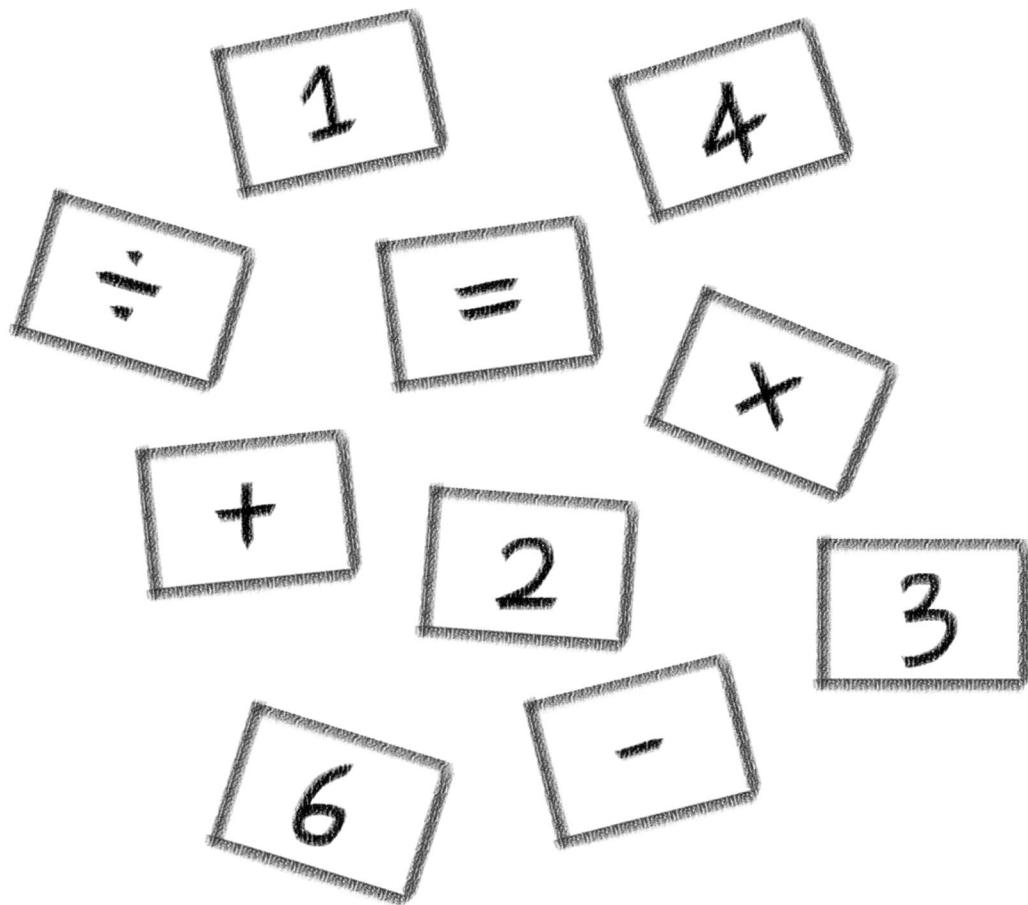

第二章

数字与数量

我们在日常生活中经常可以看到小朋友数数，有的小朋友在学前时期就可以数到几十甚至上百。但有一个事实可能被大人们忽略了：数数能力跟数量理解程度有时是不一致的。换言之，很多两到三岁甚至四岁小朋友可以数到很大的数字，但这并不代表他们能理解这些数字对应的数量大小。如何知道小朋友是否正确理解"数量"这一概念呢？我们可以通过一个比较多少的小活动来确认。

请翻到第68页，这页中有一些水果图片，如下图。将这些图片展示给小朋友，首先向他们提问："这是什么？""你能不能数一数有多少个？"等他们数完了，马上提问："梨和苹果哪个多？"如果小朋友能立刻正确判断哪个多，这时就可以认为他们开始理解"数量"了。为什么会存在这种情况呢？

看一看，下面都有哪些水果？数一数，每种水果有多少个？

　　因为在儿童发展初期，小朋友通常会将一个数字对应到一个物体上，而不理解数字代表的数量。如果我们给他们看 5 个梨，他们可以数到 "5"，但这个 "5" 很有可能在他们的眼中并非是数量的 "5"。小朋友只有在可以判断两个数字哪个大哪个小时，才开始理解这些数字对应的 "数量"。小朋友之间存在个体差异，一般来说小朋友从两岁开始学会数数并理解 "1" 的数量；经过 6 ~ 9 个月，他们会逐渐理解 "2"；直到三岁后，大部分小朋友才能逐渐理解 "3" 以及更大的数量。

　　一般来讲，两到三岁的小朋友可以进行一一对应的点数，但是他们需要更多的练习才能将特定的数字与相对应的数量联系起来，真正理解 "数量" 的概念。在这一章，我们将带领小朋友认识数是什么，数数并理解 "数"，为之后的加减法算术能力训练奠定基础。

过年啦！

毛毛最喜欢过年了。

老师或家长可以在介绍毛毛的年龄后询问小朋友的年龄，通过最常见的问题引入数字话题。

本页又出现了日期数字，老师或家长可提示小朋友思考除了年龄和日期，生活中还有什么数字？它们代表的意思是否一样？如果不一样，都代表了什么？

2022年1月
31
星期一
除夕

今天是除夕，一大早毛毛就起了床，
穿好新衣服跟爸爸妈妈去爷爷奶奶家过年！
他们拿着做年夜饭用的蔬菜，出发啦！

这里都有哪些颜色的蔬菜？

你能把同样颜色的蔬菜放在一个筐子里吗？

复习第一章的分类。老师或家长向小朋友提问：除了按照颜色分类，还可以按照什么规则分？分成几种？

老师或家长引导小朋友回忆过年时都做了什么，吃了什么。自然地过渡到包饺子的话题。

他们今天要做一顿丰盛的年夜饭！

大家围着桌子排排坐，开始准备包饺子啦。

小朋友，你知道饺子是怎样包出来的吗？

你有没有注意过爸爸妈妈是怎样包饺子的？

老师或家长引导小朋友回忆爸爸妈妈是怎样包饺子的。

本页开始练习数数，老师或家长可以跟孩子一起大声地数一数图中的食物。不仅可以横着同类别数，还可以竖着跨类别数。数数的一大原则是跨类别也可以数，虽然竖着的物体视觉上看起来更不相似，但是小朋友天然的理解可以将不同种类的物体放在一起数，家长应注意避免一开始就让小朋友数相似的物体。

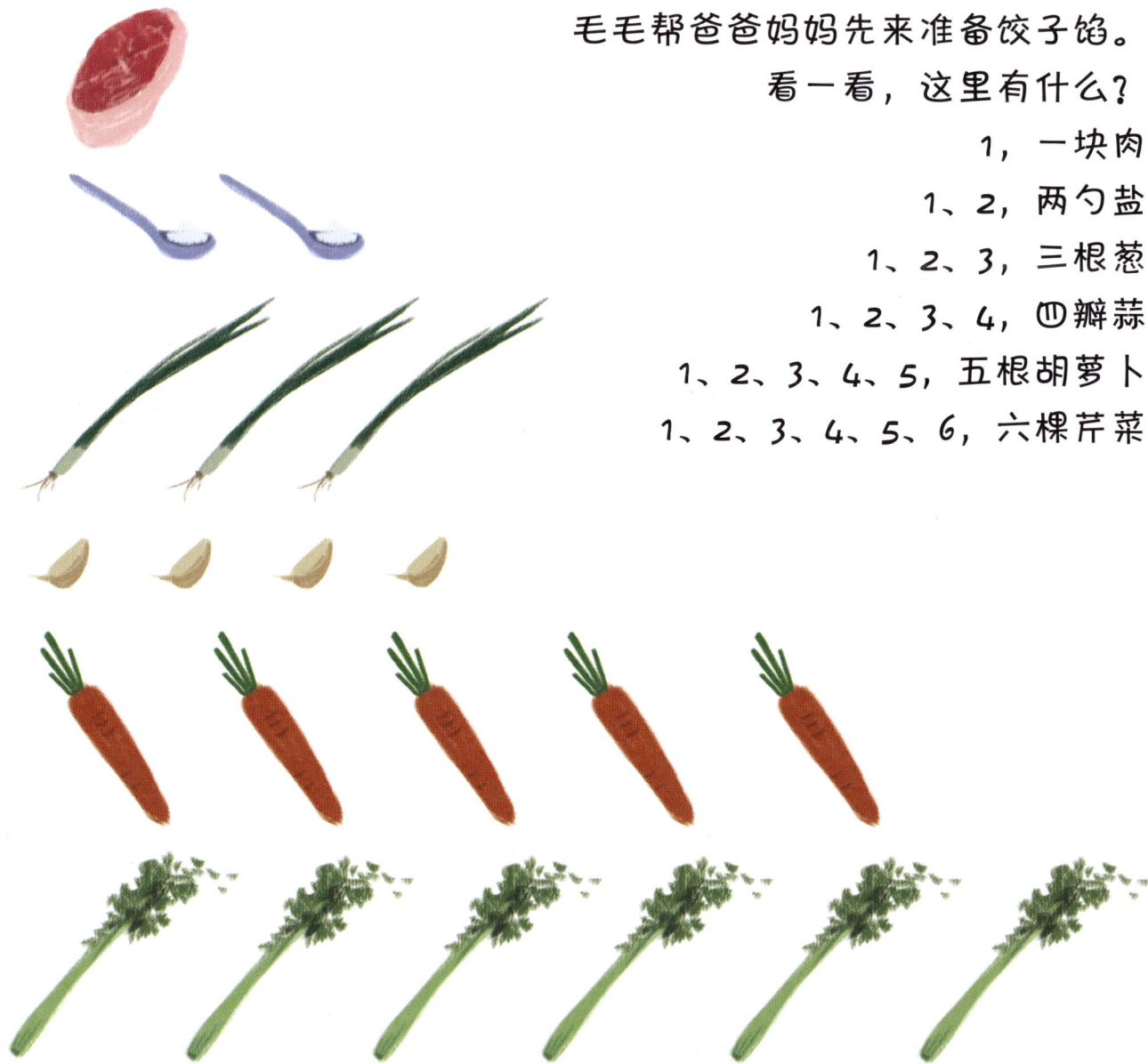

毛毛帮爸爸妈妈先来准备饺子馅。

看一看，这里有什么？

1，一块肉

1、2，两勺盐

1、2、3，三根葱

1、2、3、4，四瓣蒜

1、2、3、4、5，五根胡萝卜

1、2、3、4、5、6，六棵芹菜

在日常生活中，我们经常可以发现有的小朋友在数学知识发展初期会出现数错的情况，可能会漏掉某些数字，如 1、2、5、9，这是正常的情况。由于小朋友的工作记忆、执行能力、语言能力等一系列认知能力还在逐渐发展中，对数的理解也需要一个发展过程。尽管有这些问题，我们依然能够发现小朋友本能地理解一个数字对应一个概念，并且数字是存在顺序的。在真正理解大于 3 的数量前，小朋友的认知发展会经历一些准备过程，其中数感与语言的发展是两个很重要的数认知机制。

数感是指小朋友在不进行一一点数的情况下，对于大数量的估计，如看一眼 30 个点和 40 个点，立刻能判断哪个更多。小朋友在 3～5 岁这个年龄段对小数量的数感（如 2 和 3、1 和 3，哪个更多？）有较好的理解，但对大数量的数感（如 34 和 40，哪个更多？）还需要更多时间及经验才能更加正确地判断。

小朋友语言发展与数概念的发展也是紧密相关的。有研究显示我们对于大数精确数量的学习依赖于语言的发展。老师或家长在与小朋友做游戏的过程中，和小朋友一起数数，并向小朋友提问，增强数字与数量的联系，可以帮助小朋友理解数的意义。

老师或家长可以引导小朋友先进行点数，大声地用语言说出相应的数。然后让小朋友在每类物体下面画一条横线，让他们通过视觉上直观的线条长短，比较量的大小；也可以让小朋友将每个物体简化为一个点，画在纸上，比较点的数量多少，并说出哪些多，哪些少。在数完 42 页物体后，还可以继续引导小朋友数一些身边的物体，无论它们看起来是相似还是不相似。

再次强调，数数的一大规则是：数数与顺序无关。无论正着数还是倒着数，从哪个位置开始数，物体与相对应的数量是守恒的。本页主要训练小朋友理解数和物体是对应的，但不是特定的一一对应，如"1"不是永远指图中的肉，它可以被分配给图中的任意一个物体。

爸爸把

1、2、3、4、5、6 六棵芹菜，

1、2、3、4、5 五根胡萝卜，

1、2、3、4 四瓣蒜，

1、2、3 三根葱，

1、2 两勺盐，

1 一块肉

切碎，在碗里搅拌均匀。

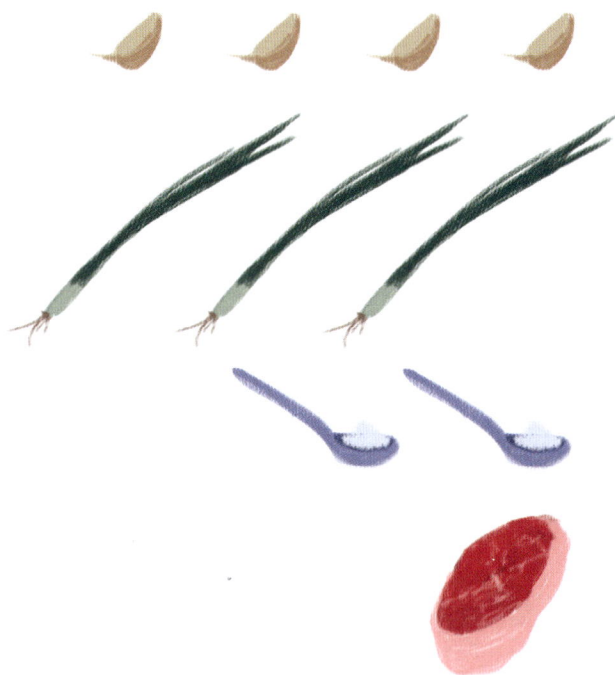

饺子馅就做好啦！

换一组物体继续练习数数与数量。引导小朋友利用身边的不同物体进行正着数和倒着数，将数字与数量相结合。

奶奶又准备了另外一些食材，数一数，奶奶都准备了什么呢？

毛毛又帮奶奶做了一种饺子馅。

现在有两种饺子馅啦!

妈妈把面揉成一团，

又把面搓成一个长条，

再把面切成一个个小剂子，

在上面均匀地撒上面粉，

用擀面杖擀出了薄薄的饺子皮。

介绍包饺子的顺序，可以用橡皮泥进行练习。

开始包饺子咯!

爸爸拿起一张饺子皮，把一勺饺子馅放在皮的中间。

两边对折，用力捏合，

一个白白胖胖的饺子就包好啦!

毛毛是怎么包的呢？毛毛用两个饺子皮包了一个扁扁的饺子！
"看！我包了一个飞碟！"

全家人一起，包了好多好多饺子！

数一数这里有多少个饺子呢?

练习从任何一个饺子开始数数。数是有顺序的，但数字表征是灵活的，任何一个饺子都可以是"1"。而且数的时候，既可以按照顺时针数，也可以按照逆时针数。

数一数这里有多少个饺子？

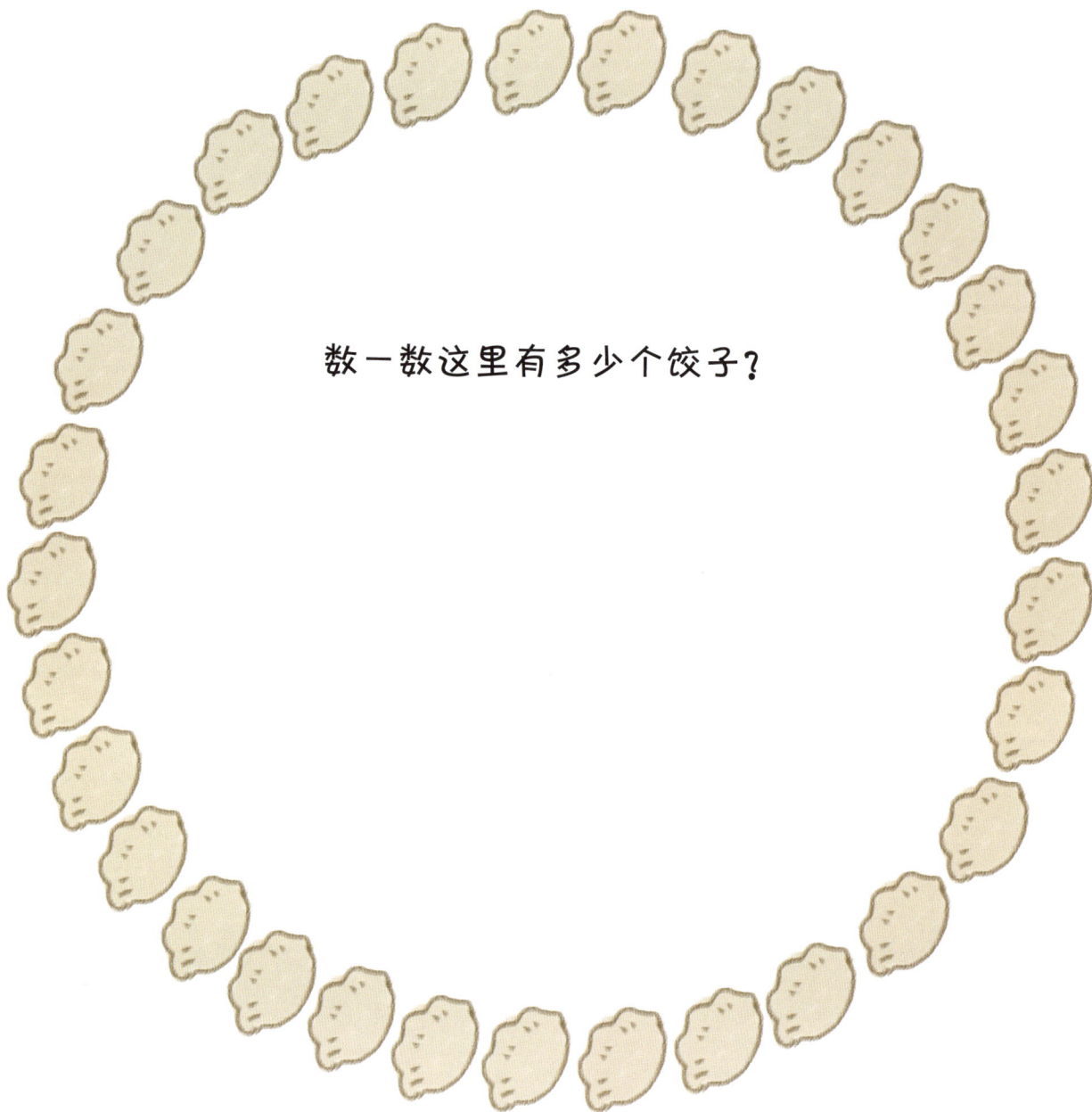

开始煮饺子啦！

白白胖胖的饺子在水里滚来滚去，

好像一只只胖胖的大白鹅。

爷爷往沸腾的水里加过两次冷水，

过了一会儿，饺子都浮起来啦！

本页着重练习小朋友的大数数感。老师或家长引导小朋友观察哪一盘数量多。还可以利用身边物体，比如拿很多瓜子，随机分成不均等的两堆，训练小朋友的数感：哪堆多？哪堆少？

奶奶把饺子从锅里捞出来，分成了两堆。
小朋友，你觉得哪一堆比较多呢？

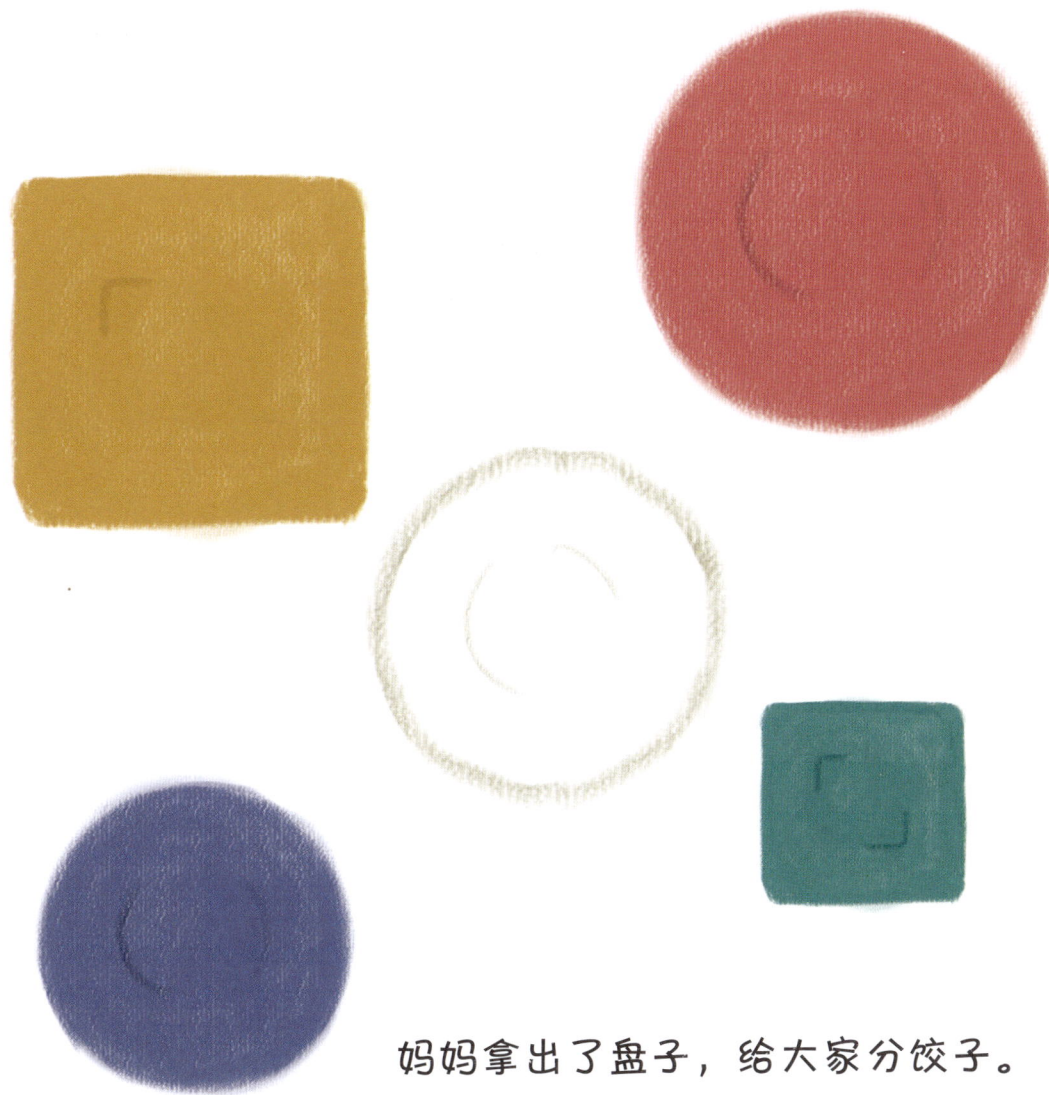

妈妈拿出了盘子，给大家分饺子。
数一数这里有几个盘子呢？

毛毛想吃5个饺子，你能把饺子放在毛毛的盘子里吗？
妈妈想吃15个饺子，你能把饺子放在妈妈的盘子里吗？
爸爸想吃25个饺子，你能给爸爸25个饺子吗？

本页游戏涉及的数量较大，老师或家长可使用附赠页中的饺子图片，在家中找一些盘子或小碗，按照书中的数量引导小朋友分配饺子图片。

奶奶想吃15个饺子，爷爷想吃20个饺子，
你能把饺子放在他们的盘子里吗？

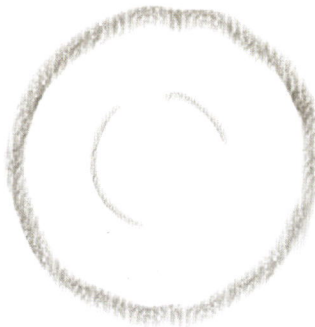

吃年夜饭啦！

下面让我们来看更多的例子！

有没有发现球员的衣服上印着数字？

周末妈妈和毛毛出去吃饭，妈妈取了一张等位排号单，
请你帮毛毛看一下：他们是第几号？
他们前面那一桌是多少号呢？他们后面那一桌是多少号呢？

我们现在看的是书的第几页呢？

前面一页是第几页？后面一页是第几页呢？

数一数有几块积木？

数一数桌上有几块糖？

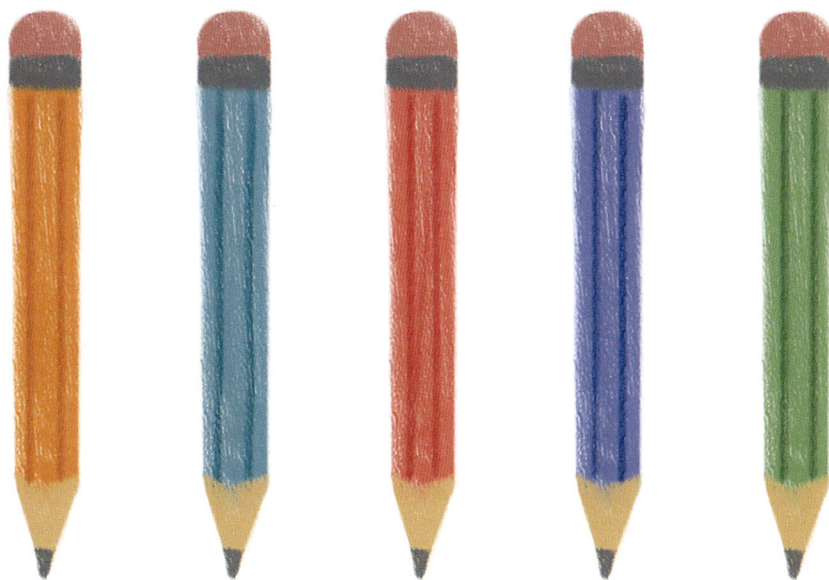

数一数有几支笔？

看一看，下面都有哪些水果？数一数，每种水果有多少个？

第三章

比 较 大 小

　　在前面两章，我们主要和小朋友一起探讨了物体的大小和数量的多少。"大"与"小"、"多"与"少"的概念都是相对而非绝对的，我们无法只通过一个物体就判断其大小或多少，只有通过比较，才能有大小与多少之分。比较有时发生在两个物体之间，有时发生在三个或者更多组物体之间。当有很多物体参与比较时，人们有时会采取一些策略推理物体之间的关系。传递性推理能力就是实现这一过程的重要因素，这种能力的根本是小朋友对于不同物体间关系的理解和转换过程。例如，有A、B、C，A大于B，B大于C，我们可以得到A大于C。这种传递关系看似很简单，但思考以下这种假设：A认识B，B认识C，A认识C吗？在这里，我们只是将中间的关系变了一下，这种传递关系立刻就不成立了。小朋友在日常生活中经常会面对这样的传递关系。小朋友的传递性推理能力是数学逻辑能力发展的重要组成部分，除了本章将涉及的面积比较之外，前两章的数顺序也涉及小朋友的传递性推理能力。我们可以通过有意识地鼓励小朋友观察世界，比较不同事物之间的关系，增加他们进行不同传递训练的机会，帮助他们完成二元甚至三元等更复杂的推理任务。除了比较大小，还可以根据现实情况发现更多的传递性、非传递性关系，如高矮、年龄、相对位置、社会关系等，让小朋友通过多种多样的比较进行练习。

　　本章主要通过讨论不同情景中的"大"与"小"以及"多"与"少"，加深小朋友对于"大""小""多""少"概念的理解，并且逐渐增加比较物体的数量，让小朋友理解不同情况下"大""小""多""少"之间的传递性。

今天，爸爸妈妈和毛毛来到飞机场，
一起乘飞机去旅游。

本页主要讨论面积的大小。这两个对比的物体的实际面积有大小之分。老师或家长可以引导小朋友讨论面积的大小。可以从较小的面积开始，逐渐讨论更大面积的对比，如两个房间的大小。

飞机场很大。

毛毛跟爸爸说："爸爸，飞机场比我们学校大多了。"

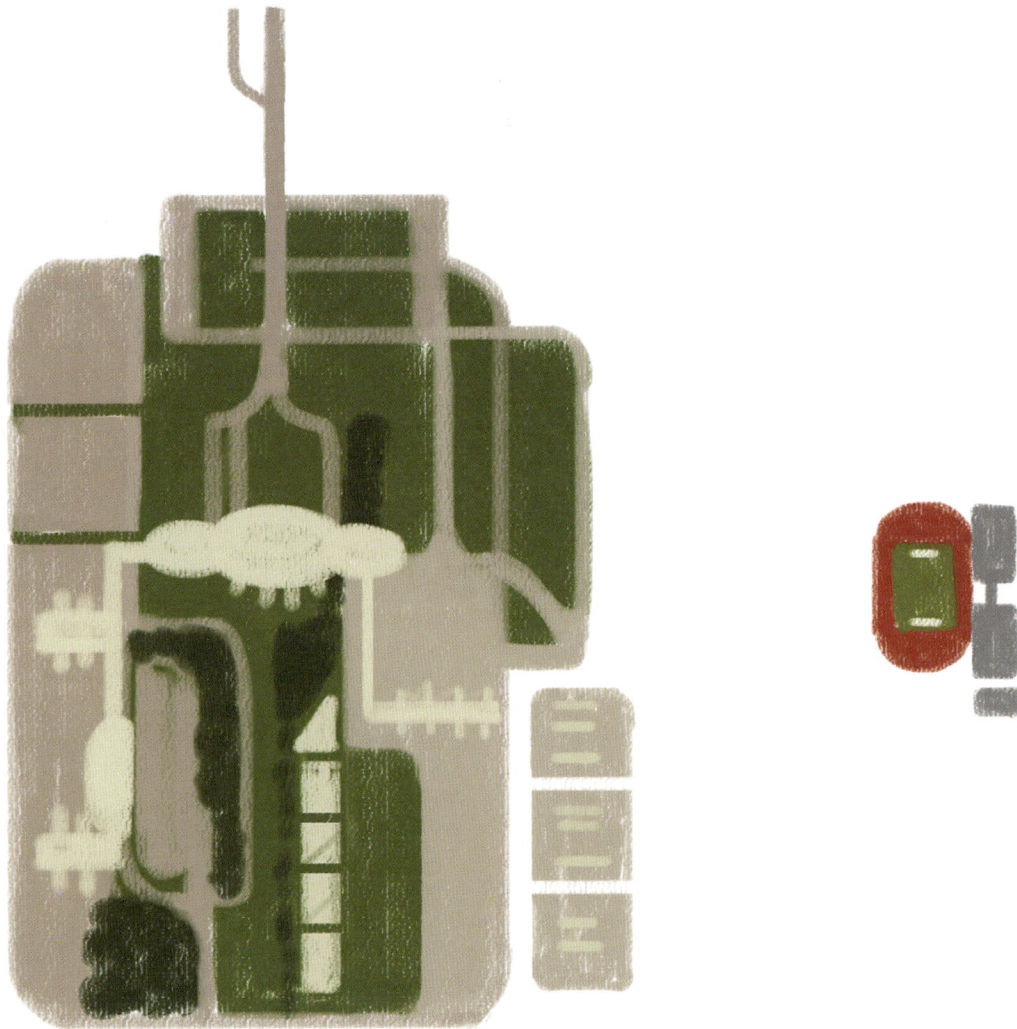

飞机场有很多飞机，
有的看上去很大，而有的看上去很小。

毛毛很好奇，问道："为什么这一架飞机这么大，而天上的那一架飞机却那么小呢？"

爸爸说："飞在天上的飞机离我们很远，
所以看起来比我们身边的飞机小。"

这部分与前面部分的"大小"概念略有不同，被比较的飞机体积大小相同，但由于视觉感知的"近大远小"规则，远处的物体"看起来小"，而非真正小。

爸爸又笑着说：
"一样大的飞机，
离我们远就看起来小，
离我们近就看起来大。"

好大的飞机啊！

飞机起飞啦，毛毛从窗户向外看。

飞机不断升高，公路上行驶的汽车变得像一只只小蚂蚁；高楼大厦也变得像一个个小积木块。小朋友，你知道它们为什么会变小吗？

看着看着，毛毛进入了梦乡。

飞机开始降落，地面上的高楼大厦变得越来越大，公路上行驶的汽车也变得越来越大。

毛毛跟爸爸妈妈来到了鲜花盛开的山坡，
各种花朵争奇斗艳。

先进行两两比较，例如，比较黄花和粉花的大小，再比较粉花和红花的大小，最后拓展到比较黄花和红花的大小。

毛毛找到了一朵黄花，妈妈找到了一朵粉花。
黄花比粉花小，粉花比黄花大。

爸爸找到了一朵红花，粉花比红花小，红花比粉花大。

除了以上训练，老师或家长还可以利用小朋友身边常见的物品和场景比较大小、高矮等不同关系，并引导小朋友思考：什么情境下的什么关系可以传递？什么时候不可以传递？为什么？

比一比，哪朵花最大？哪朵花最小呢？

他们度过了快乐的时光。

下面让我们来看更多的例子！

今天家里有客人来，妈妈买了两瓶饮料，
你看看，哪瓶更多呢？

毛毛比妈妈矮。

妈妈比爸爸矮。

比一比，一家人的身高，谁最矮，谁最高呢？

第四章
基 本 形 状

　　本章开始向小朋友介绍形状概念。很多形状，例如锐角三角形和钝角三角形，看起来长得非常不一样，但是它们都属于三角形。对于小朋友而言，由于这些形状的视觉差异很大，他们有时不能快速地将某些形状按照一定规则分类。掌握简单形状分类的根本规则，会促进小朋友之后对于更复杂形状的学习。本章通过向小朋友介绍形状的特点，引导他们抓住形状的核心概念，训练他们识别形状的能力，为之后进一步学习面积知识奠定基础。

　　本章的重点不在于要求小朋友记住每类形状的准确名称。名称只是帮助小朋友形成分类、理解概念的重要线索，如果将重点放在名称上，容易造成死记硬背、只记住名字而无法真正理解名字所代表的形状种类。

今天，妈妈和毛毛一起来做剪贴画。
看看妈妈都准备了什么？

本书附赠页中有这些图形。

有两把剪刀、一些彩色的纸和胶水。
大剪刀妈妈用，小剪刀毛毛用。

　　老师或家长陪小朋友一起观察这个形状的特点。这是小朋友在本册书中第一次接触形状知识，根据他们的年龄不同，也有可能是他们第一次正式接触到形状知识。在这一页里，我们重点让小朋友观察、比较形状的相同与不同，并且复习前面学到的数数和数量知识，并非让他们记住不同形状的准确名称。老师或家长可以尝试着教给小朋友形状的名称，但如果发现小朋友很犹豫、无法记住形状名称，可将小朋友的注意力转移到观察形状的相同与不同上，通过比较，让他们意识到形状的特点，激发他们的好奇心，后面会有更多的练习一步步引导他们加深对形状的理解。

妈妈用剪刀剪出了一个纸片，看一看，这纸片长什么样？
纸片有1、2、3、4，四条边，
还有四个尖尖的角！

妈妈又剪出了更多的纸片，看一看，这些纸片
是什么样的？和第一张纸片长得一样吗？

毛毛又用剪刀剪出了更多的纸片。

本书附赠页中有这些图形。向小朋友提问：这里有几种颜色？能不能把相同颜色的放在一起？

带领小朋友复习前面学习的分类和数的知识，此处规则为颜色。分类结束后引导小朋友数数，先数每一类有几个，再数一共有几类。

有红色的、黄色的、蓝色的、绿色的，
1、2、3、4，四类纸片。

如果我们不按照颜色分，
还可以怎样把它们分类呢？

小朋友，想一想，
你会怎样分？为什么呢？

本页开始引导小朋友打破原有
分类规则，建立新的规则。如果小
朋友一时想不到还可以按照什么方
式分类，可返回 95 页，重新带领
小朋友观察不同形状，再引导他们
发现形状的不同，暗示他们按照形
状进行分类。如果小朋友还是无法
理解，直接进行下一页内容。

如果小朋友在上一页已经按照形状分类，本页问题可作为检验，考查小朋友是否真正理解形状分类规则，并强化这一规则。

毛毛将它们分成了三类。
小朋友，你觉得毛毛为什么这么分呢？

这些纸片形状有三条边和三个角,我们叫它们三角形。

这些纸片形状有四条边和四个角,我们叫它们四边形。

剩下的这些纸片没有角,这些形状叫作圆形。

　　确定小朋友确实理解形状是一种分类规则后，在阅读上面三页时带领小朋友观察每一类形状的细节，例如有几条边、几个角，都是什么颜色，大小是否一样。这里可以看到，形状的核心概念是由边和角的数量而非颜色决定。老师或家长可以引导小朋友先进行类别内比较，再进行跨类别比较。以三角形为例，在类别内比较时，我们可以看到这四个三角形的相同点是边和角的形状，不同点是颜色和大小。老师或家长这时可以引导小朋友作出猜测，这个形状的关键概念是由相同点还是不同点决定的。这时小朋友可能得出正确的结论，也可能得出模棱两可的结论，还可能得出错误的结论。这时老师或家长可以先不马上告诉小朋友这类形状的核心概念是边和角，而是引导他们继续看下面的其他形状，重复以上步骤，经过类比寻找相同与不同，判断到底是什么因素决定了一个形状可以被归类到一个类别下。经过纵向以及横向的双重比较，小朋友会在大脑中对不同因素，如颜色、大小、边角等作出筛选及判断，形成某种形状的核心概念，这就是我们平时所说的归纳总结。这个过程如果由老师或家长直接告诉小朋友，小朋友更多的是被动地记忆知识而非主动地动脑去进行推理。大量的研究显示，主动学习相较于被动学习具有更多优势，采取主动学习策略的小朋友对知识点理解的深度及广度都强于使用被动策略的小朋友。

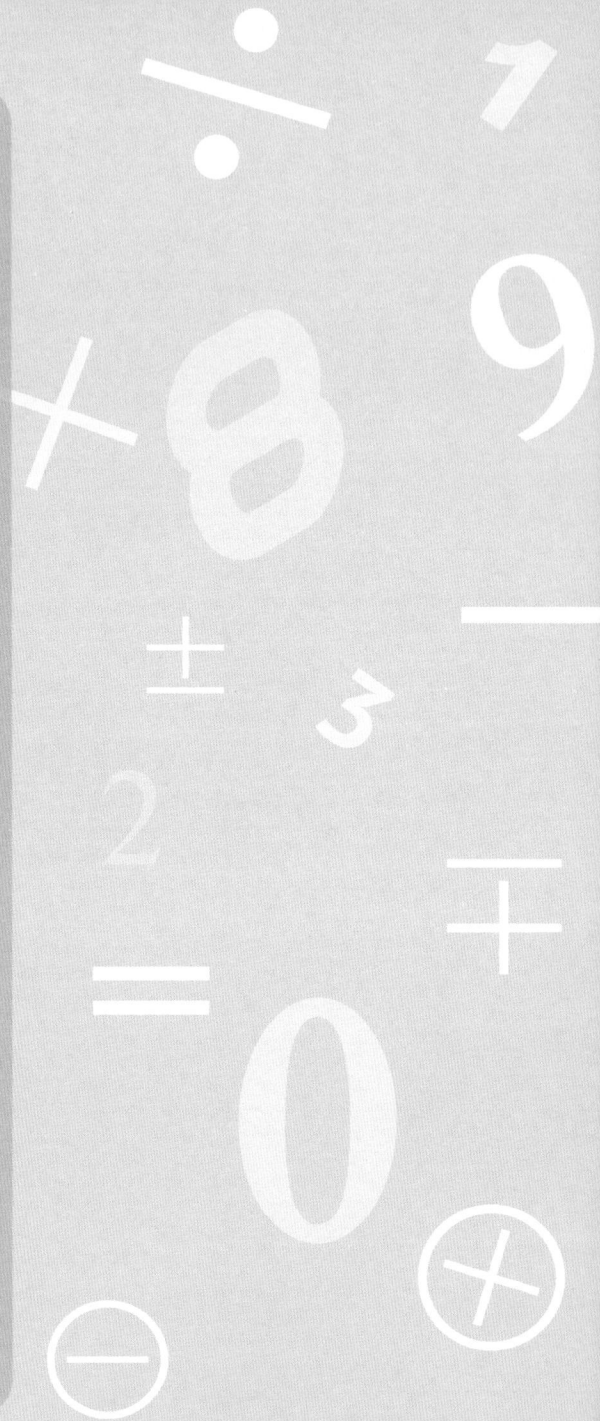

下面让我们来看更多的例子！

毛毛把纸片放好，开始贴在画板上。
毛毛最喜欢大象了，于是决定拼一头大象！

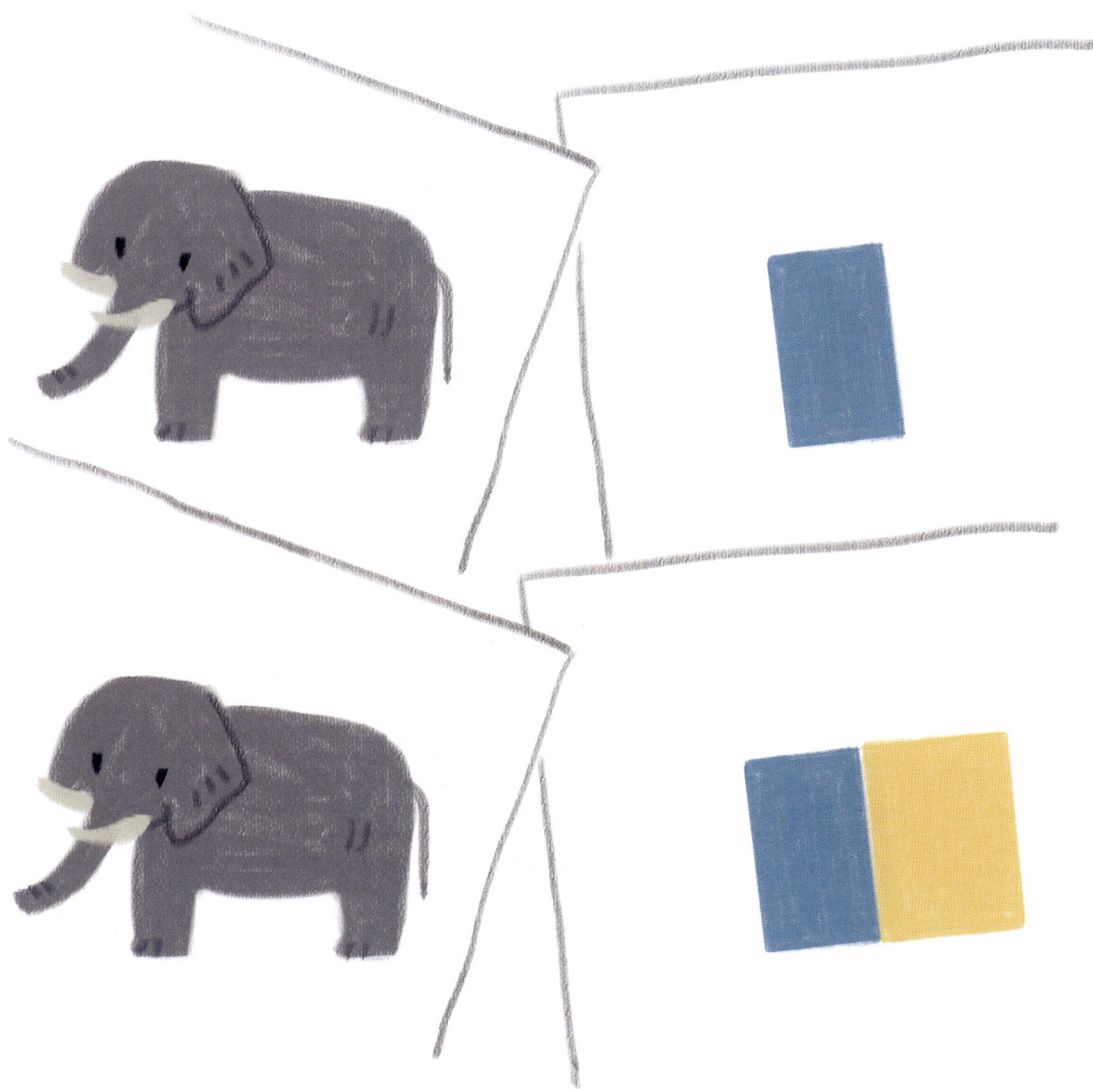

毛毛先拿出一个长方形的纸片。哎呀，好像有点小了！
毛毛又拿出一个纸片，拼成了一个更大的纸片做大象的身体。

老师或家长先向小朋友提问大象都有什么组成部分，比如有长长的鼻子、圆圆的眼睛、大大的耳朵、胖胖的身体、粗壮的腿和细细的尾巴，然后让小朋友思考这些部分可以用什么形状来表现。从附赠页的图形中寻找合适的形状，完成大象拼图。

小朋友，你能不能和毛毛一起拼这头大象？
还需要什么形状就能完成这个大象拼图了呢？

看！这是毛毛贴的，你是怎么贴的呢？
用这些形状还可以拼出什么东西？

此图仅作为成品的一种可能，为小朋友提供参考，老师或家长应鼓励孩子创作出自己的大象拼图。

除了大象，老师或家长还可以和小朋友一起思考还有什么动物或者东西可以用不同形状来表现。选定一个主题，大家都动手创作自己心目中的作品，看看都有什么不同的形状组合。

一个概念的核心要素虽然是相对固定的，比如大象有长鼻子而长颈鹿有长脖子，但每个小朋友有不同的表现方式，这里没有唯一的正确答案，老师或家长应该鼓励小朋友思考自己表达方式的合理性及更多的可能性，而不是规定一个标准答案。

仔细看一看，你能在这里找到什么形状呢？

用不同方法拼出这些形状。

本书附赠页中有所需要的图形。

房子

小鸡

本书附赠页中有所需要的图形。

本书附赠页中有所需要的图形。

帆船

第五章

加　减　法

　　在前面的几章中，我们针对分类、数与数量、关系传递（比较大小）、形状等知识分别设计了相应的游戏，帮助小朋友熟悉并学习这些概念与知识。在这一章中，我们来讨论加减法。加减法的本质为数量的变化，小朋友早在 1 岁半左右开始，在没有视觉提示的情况下，就可以追踪并意识到 2 以内数量的物体发生了增加或减少，这种追踪数量变化的能力更多的是一种内隐的、无法明确阐述的对数量的理解，小朋友无法对数量进行精确计算。从 2 岁开始，一些小朋友开始逐渐发展出精确计算的能力，先是最小的 2 以内加减法；3 岁上下到 5 岁间，大部分小朋友随着年龄的增长逐渐发展出更大数量及更复杂运算步骤的加减法能力，例如，从 1+1 到 2+1-1。由此可见，小朋友对数量变化的加减法的理解是由简至繁、由少至多的。每个小朋友的发展方式大体相似，但教育者应意识到每个个体的发展差异，有的能力在一部分小朋友身上出现较早，在一部分小朋友身上出现较晚。在实际的教育引导中，需要教育者循序渐进，每次增加一点难度。如果发现小朋友在某一个难度上出现了不理解的情况，就带领小朋友用不同的情境或游戏反复练习，随着小朋友年龄的增长与游戏带来的经验，他们可以逐渐理解某些知识。

　　在本章中，我们会通过一些记忆游戏帮助小朋友来练习加减法，追踪数量变化是加减法的基础，记忆则是追踪数量变化的基础。

　　需要说明的是，相对于前几章而言，本章内容的难度较高，请家长或老师视小朋友具体发展情况来选择相应的游戏。

今天是六一儿童节，小朋友们期待好久啦！

提问：这些小朋友都穿了什么颜色的衣服？数一数：穿蓝色衣服的小朋友有几位？穿绿色衣服的有几位？穿紫色衣服的有几位？穿黄色衣服的呢？通过这些问题帮助小朋友开始数数，进行热身。

毛毛在一班，他们要表演乐器大合奏。

看看他们都有什么乐器？

他们有一个腰鼓、两个三角铁，

三个沙锤、四个铃鼓。

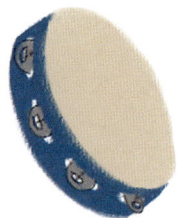

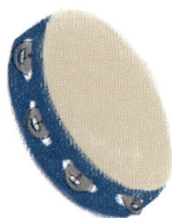

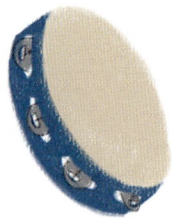

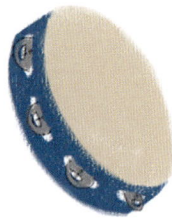

在引导小朋友认识完乐器后，先挡住下面的三行，让小朋友点数腰鼓。然后露出第二行三角铁，让小朋友点数三角铁，点数结束后让小朋友比较哪一行多，多了几个，比较时可以用铅笔在列与列之间画一条虚线，以虚线为基准点数。前两行比较结束后露出第三行，重复以上步骤。当所有物体都出现过后，老师或家长可以将附赠页中的乐器图片单个剪下来，准备一个小盒子，上面有一个缝隙可以将手伸进去但看不到里面有什么。

游戏 1（同类物体数量追踪）：先拿出 4 个铃鼓的图片，让小朋友一个一个地放进去，然后让他们再一个一个地取出来。如果他们可以正确取出放进去的数量，就进行下一个游戏；如果数量有误，则换上数量较少的乐器重复这个游戏直至正确。

游戏 2（同类物体加法）：准备 4 个铃鼓的图片，让小朋友自己放 3 个，老师或家长放 1 个，然后让小朋友一个一个地取出所有铃鼓。如果小朋友取出数量正确，则进入下一个游戏；如果数量错误，则从小朋友放 1 个、老师或家长放 1 个开始练习，逐渐增加数量。

游戏 3（同类物体减法）：准备 4 个铃鼓的图片，让小朋友一个一个地放进去，然后老师或家长拿一个出来，让小朋友每次一个将剩下的拿出来。如果小朋友取出数量正确，则进入下一个游戏；如果数量错误，则从沙锤或者三角铁开始练习，逐渐增加数量。

游戏 4（非同类物体数量追踪）：游戏规则与游戏 1 相同，将相同乐器替换为不同乐器的混合组合即可。小朋友如果追踪有困难，则先从两个不同乐器开始练习。

游戏 5（非同类物体加法）：游戏规则与游戏 2 相同，将相同乐器替换为不同乐器的混合组合进行加法练习即可。

游戏 6（非同类物体减法）：游戏规则与游戏 3 相同，将相同乐器替换为不同乐器的混合组合，进行减法练习即可。

注意：以上游戏放入和拿出都需要一个一个地进行，不一次全部放入或拿出。判定规则为盒子里还有物体但停止搜索或盒子里没有物体但小朋友仍持续搜索，这些行为都视为任务失败。

在小朋友对 4 以内的加法熟练后，进入本页重复练习上面的点数活动及 3 个加法游戏，每次增加 1~2 个数量，由少到多，视小朋友接受程度而定。

小朋友们拿着乐器出场啦！
先来了一个小朋友，背着一个腰鼓。
现在有几个小朋友？有几件乐器呢？

又来了两个小朋友，每人拿着一个三角铁。现在有几个小朋友？有几件乐器呢？

又来了三个小朋友，每人拿着一个沙锤。现在有几个小朋友？有几件乐器呢？

最后又来了四个小朋友，他们每人拿着一个铃鼓。现在有几个小朋友？有几件乐器呢？

老师弹钢琴伴奏，表演开始！

在小朋友对 4 以内的减法熟练后，进入本页重复练习上面的点数活动及 3 个减法游戏，每次减少 1~2 个数量，由多到少，视小朋友接受程度而定。

表演结束，小朋友要退场啦。

拿着铃鼓的小朋友先退场。现在剩几个小朋友？剩几件乐器呢？

拿着沙锤的小朋友也退场啦。现在剩几个小朋友？剩几件乐器呢？

拿着三角铁的小朋友也退场啦。现在剩几个小朋友？剩几件乐器呢？

背着腰鼓的小朋友也退场啦。现在剩几个小朋友？剩几件乐器呢？

接下来是二班的小朋友要表演了。
看看他们手里有什么呢？

复习形状知识。

这里我们向小朋友介绍面积的加减，培养小朋友对形状组合、形状变化和面积大小变化关系的理解。

有一个小朋友
举着一个正方形。

又来了一个小朋友，
他把两个正方形拼到了一起。
它们变成了什么形状？

数一数这里有几个小正方形？
这些小正方形组成了一个什么形状呢？

其他小朋友也上场啦！

一个小朋友举着三角形跳到了舞台右边。

看！她又拿出了一个三角形，组成了正方形！

提问：蓝色形状大还是黄色形状大？

再次提问：这次是蓝色形状大还是黄色形状大？

又来了一个小朋友，现在左边和右边分别是什么形状？

小朋友用手里的形状
组成了大风车！

老师或家长可以用附赠页中对应的图形，和小朋友一起拼不同的图案。

六一快乐

大家度过了一个快乐的儿童节！

下面让我们来看更多的例子！

周末的公园格外热闹，
一开始停车场上只停了一辆小汽车，
过了一会儿又停了两辆小汽车，
现在停车场上有几辆小汽车呢？

过了一会儿又停了三辆小汽车，
现在停车场上一共有几辆小汽车呢？

很快就到了傍晚，小朋友跟爸爸妈妈也要陆续回家了。
先开走了两辆小汽车，现在还剩几辆小汽车呢？

过了一会儿又开走了一辆小汽车，
现在停车场上还有几辆小汽车呢？

今天爸爸妈妈邀请小朋友们一起来家里做客，
"叮咚"门铃响了，
小明和他妈妈一起进来了，
他们在门口换了鞋，这时候门口有几只鞋呢？

过了一会儿，小方来了，
这时候门口一共有几只鞋呢？

最后，小红和她的爸爸妈妈一起来了，
数一数，这时候门口一共有多少只鞋呢？

傍晚的时候，客人们陆续离开了，
小方先走了，这时候门口还剩几只鞋呢？

过了一会儿，小明和他妈妈也走了，
这时候门口还剩几只鞋呢？

最后小红和她的爸爸妈妈也离开了，
这时候门口还剩几只鞋呢？
现在没有鞋了，没有鞋就是零。